Série d'études bibliques du groupe Danite et édition Otakada.Org

Réponses à la Parole

Édition révisée 2019

Raphaël Awoseyin

Table des matières

Série d'études bibliques du groupe de Danite et Otakada.Org Publishing 1

Réponses au mot 1

   Édition révisée 2019 1

      Raphaël Awoseyin 1

Présentation 5

À propos de l'auteur 7

À propos de l'éditeur – Otakada.org 8

Cette édition 10

Étude 1 - Considérez ce que vous entendez ! 11

   Texte principal : Marc 4 :1-29 11

      Questions à débattre : 12

      Principaux points d'apprentissage : 12

      Prière : 13

Étude 2 - Nicodème 14

   Textes principaux : Jean 3 :1-15 ; 19:38-42 14

      Questions à débattre : 16

      Principaux points d'apprentissage : 16

      Prière : 17

Etude 3 - Admirateurs et Accordeurs 18

   Principaux textes : Marc 12 :18-34 ; Luc 11:14-28 18

      Questions à débattre : 20

      Principaux points d'apprentissage : 20

      Prière : 20

Étude 4 - Jaïrus 22

   Textes Principaux: Marc 5:21-43 22

      Question 24

      Points d'apprentissage clés : 24

      Prière : 25

Etude 5 - Le serviteur du centurion 26
Texte principal : Luc 7 :1-10, Matthieu 8 :5-13 26
Questions à débattre : 28
Principaux points d'apprentissage : 28
Prière : 29

Étude 6 - Niveaux de Foi 30
Texte principal : Marc 5 :22-43, Matthieu 8 :5-13 30
Principaux points d'apprentissage : 32
Prière : 32

Étude 7 - La foule de la Pentecôte 33
Texte principal : Actes 2 :1-41 33
Principaux points d'apprentissage : 35
Prière : 35

Étude 8 – Apôtre Paul 36
Texte principal : Galates 2 :11-24 ; 2 Corinthiens 11:23-33 36
Principaux points d'apprentissage : 38
Prière : 38

Étude 9 - Thessaloniciens et Béréens 39
Texte principal : Actes 17 :1-15 39
Principaux points d'apprentissage : 41
Prière : 42

Etude 10 - Les Ephésiens 43
Texte principal : Actes 19 :1-41 43
Principaux points d'apprentissage : 45
Prière : 45

Étude 11 – Gouverneur Félix 47
Texte principal : Actes 24 :1-27 47
Principaux points d'apprentissage : 49
Prière : 49

Etude 12 - Festus et Agrippa 50
Textes Principaux : Actes 26:1-32 50

Principaux points d'apprentissage : 52
Prière : 52

Introduction

Partout dans le monde, des groupes chrétiens se réunissent régulièrement pour des études bibliques, souvent dans des délais serrés. De telles réunions comprennent ce que nous appelons l'école du dimanche - généralement avant un service d'adoration de l'Église. Un défi majeur de ces bourses est la nécessité d'avoir une étude qui peut être achevée dans un calendrier serré, tout en laissant aux participants un apprentissage qu'ils peuvent appliquer à leur vie quotidienne. La série Danite Group Bible Study (DGBS) est une réponse à ce défi.

Les séries ont deux objectifs : premièrement, elles doivent conduire à des applications pratiques des principes bibliques dans la vie des participants et dans leur environnement. Deuxièmement, chaque matériel d'étude doit être de la bonne longueur pour une étude de groupe significative d'une heure.

Chaque édition de DBGS est basée sur un thème prévu pour un quart d'année (3 mois) et comprend douze études. L'intention est que le groupe effectue une étude d'une heure chaque semaine sur le thème trimestriel.

Pour tirer le meilleur parti de chaque étude, il est important que l'étude soit participative. La lecture des textes principaux doit être partagée entre les participants, après quoi tous doivent lire ensemble le verset clé. Les paragraphes de l'étude, rédigés dans un style pédagogique, sont lus par des personnes désignées par le responsable tandis que les questions qui suivent stimulent la discussion. À la fin de chaque étude, quelques leçons à puces sont suggérées. Les responsables de l'étude doivent souligner ces points ainsi que les apprentissages supplémentaires qui peuvent émerger des discussions.

Alors que les matériaux sont destinés aux études bibliques de groupe, les individus devraient également les trouver utiles dans les études personnelles. Quelle que soit la façon dont vous les utilisez, je prie pour que le Saint-Esprit enrichisse votre vie à travers eux.
**
Raphaël Sunday Awoseyin
Fondateur et auteur
Lagos, Nigéria

A propos de l'auteur

Raphael Sunday Awoseyin est un ingénieur professionnel d'origine nigériane, agréé au Nigeria et au Royaume-Uni. Enfant, il était un fervent catholique romain et servait la messe dans l'église catholique de sa ville natale. Il a acquis une connaissance personnelle de Jésus-Christ alors qu'il était au lycée juste avant son 15e anniversaire en 1968. Il a plus de 40 ans d'expérience dans l'industrie pétrolière et gazière et est également un développeur de logiciels passionné. Il est un enseignant de la Bible doué, mettant l'accent sur l'application pratique de la Bible dans la vie quotidienne du chrétien. Il est le fondateur des sociétés Danite Danite LLC et Danite Limited - un groupe de conseil en technologie. Son choix de la marque "Danite" pour ses écrits chrétiens est de souligner que, pour un chrétien, la foi en Jésus-Christ doit briller à travers la vie vocationnelle. Il est marié à Sarah et ils ont trois enfants - Yekemi, Adenike et Raphael (Jr) qui sont maintenant tous adultes. Vous pouvez lui envoyer un e-mail personnel à rsawoseyin@gmail.com.

À propos de l'éditeur – Otakada.org

À propos d'Otakada.org - Nous vous proposons plus de 2 000 000 de produits et services sains fondés sur la foi et inspirés par la foi pour la communauté confessionnelle et les chercheurs en ligne, le tout au même endroit !

Notre passion sur otakada.org est d'équiper les communautés confessionnelles et d'atteindre les chercheurs en ligne grâce à un contenu, des produits et des services sains qui améliorent de manière holistique l'esprit, l'âme et le corps de l'individu en un seul endroit !

Qui nous sommes chez Otakada.org est lié à nos valeurs, notre vision et notre mission, comme indiqué ci-dessous :

Valeurs d'Otakada : intégrité, excellence, rapidité et rentabilité.

Otakada Vision : Nous envisageons un monde de disciples.

Mission d'Otakada : Nos ressources seront orientées vers la découverte, l'exploitation et la libération de produits et services sains basés sur la foi pour une distribution et une application mondiales.

Notre objectif chez otakada.org est d'engager efficacement 100 millions de communautés en ligne d'ici 2040… restez avec nous.

Achetez également des biens et services, des cadeaux et bien plus encore sur https://shop.otakada.org

Cette édition

Ce que nous intitulons habituellement La parabole du semeur pourrait également être intitulé La parabole des graines - et nous préférons ce titre pour les besoins de cette étude parce que nous nous concentrons sur la Parole - la graine. Il est implicite dans la parabole qu'il n'y avait aucune différence dans la qualité des semences qui tombaient à différents endroits.

La seule différence était dans la réception des graines - ce qui est arrivé à ce qui a été entendu. Notre réponse à ce que nous entendons fait la différence entre le salut et la damnation. Si vous avez appris à connaître Christ à travers un message prêché à un rassemblement de personnes, il est fort probable qu'il y avait des gens dans le même rassemblement qui avaient besoin d'être sauvés mais qui n'ont pas répondu à l'Évangile comme vous l'avez fait. Pourquoi avez-vous répondu et eux non ? Lisez Hébreux 4 :2 et Éphésiens 2 :8-9.

Apprécier!

**

Raphaël Awoseyin
Lagos, Nigéria

Étude 1 - Considérez ce que vous entendez !

Texte principal : Marc 4 :1-29

Verset clé : Marc 4 : 24 – « Considérez attentivement ce que vous entendez... Avec la mesure que vous utilisez, cela vous sera mesuré – et même plus. (VNI)
***

Notre verset clé nous avertit de bien réfléchir à ce que nous entendons. Nous citons souvent ce verset dans le contexte de l'écoute de l'Évangile et de la connaissance du Christ. Mais en fait, Jésus a dit ces paroles à ses disciples et non à la foule (voir v10). Que voulait dire Jésus par la déclaration (NIV) "Avec la mesure que vous utilisez, elle vous sera mesurée - et même plus" ? De nombreuses traductions rendent cette déclaration signifiant que la mesure que vous servez aux autres est la mesure que vous recevrez. Bien que cela puisse être vrai, l'interprétation originale de ce verset signifie quelque chose de différent. La déclaration, dans la traduction littérale, se lit comme suit : « ... Dans quelle mesure vous mesurez, cela vous sera mesuré ; et à vous qui l'entendez sera ajouté. Notez les mots "à vous qui l'entendez sera ajouté". Il y a quelque chose dans l'utilisation de ce que nous entendons qui apporte encore plus de compréhension de la Parole de Dieu. Plus nous utilisons ce que nous entendons, plus nous entendons parler de Lui. Cela nous dit-il quelque chose sur les situations où nous souhaitons que Dieu nous parle de quelque chose et qu'Il semble silencieux ?

Sans aucun doute, l'une des luttes auxquelles les chrétiens sont confrontés aujourd'hui est le fait qu'une grande partie de ce qui est entendu et enseigné depuis les chaires et les diverses fraternités n'est pas vécue par les individus, ni même par les églises. Nous disons souvent que c'est parce que nous ne prions pas assez. Nous pouvons poser la question rhétorique : « Combien de prières suffisent-elles ? Mais Dieu nous demande constamment ce que nous faisons de ce que nous entendons. À quand remonte la dernière fois que vous avez délibérément agi sur quelque chose que vous avez appris de la Bible (soit d'une prédication, d'un enseignement ou d'une étude personnelle) d'une telle manière que cela vous a fait prendre une action précise, ou a provoqué un changement définitif en vous, votre situation ou vos relations ?

Questions de discussion:

1. « Car le cœur de ce peuple s'est endurci ; ils entendent à peine de leurs oreilles, et ils ont fermé les yeux. Sinon, ils pourraient voir de leurs yeux, entendre de leurs oreilles, comprendre de leur cœur et se convertir, et je les guérirais. (Matthieu 13:15 NIV). Décrivez ce que Jésus voulait dire par un cœur « insensible ».
2. Est-il possible que le cœur d'un chrétien soit insensible ? Donnez des exemples d'indications d'un cœur calleux.

Points clés d'apprentissage:

1. Nous ne bénéficions de ce que nous entendons que lorsque nous agissons en conséquence

2. Répondre au message de l'Evangile pour être sauvé nécessite la grâce de Dieu
3. Lorsque nous agissons selon ce que Dieu nous dit, nous lui ouvrons la porte pour qu'il nous en dise plus
4. Lorsque nous échouons à plusieurs reprises à agir sur ce qu'il nous dit, nos cœurs peuvent devenir insensibles - ne plus être sensibles à sa parole, et nous pouvons nous demander pourquoi il ne nous parle plus
5. Un cœur insensible peut résulter du fait de s'accrocher aveuglément à des doctrines confessionnelles qui peuvent ne pas être bibliques
6. Une église peut devenir insensible en s'accrochant à des normes et des politiques qui ne sont pas bibliques

Prière:

Père, ouvre mon cœur pour voir comment les choses que tu révèles par ton Esprit s'appliquent à moi. Rendez-moi mal à l'aise jusqu'à ce que j'agisse sur les vérités que vous me révélez. Au nom de Jésus, Amen.

Étude 2 - Nicodème

Textes principaux : Jean 3 :1-15 ; 19:38-42

Verset clé : Jean 3 : 3 – Jésus a répondu : « En vérité, je vous le dis, personne ne peut voir le royaume de Dieu s'il n'est né de nouveau. » (VNI)
***

Il n'est pas explicitement enregistré que Nicodème avait écouté Jésus-Christ prêcher quelque part avant sa visite nocturne historique à Jésus, enregistrée dans Jean 3. Cependant, Jean a enregistré certains événements clés avant la visite. Celles-ci étaient que (a) Jean-Baptiste avait prêché la repentance et annoncé la venue de Jésus (Jean 1 :15-27), (b) Jésus avait été baptisé (Jean 1 :28-34), (c) Jésus avait appelé ses disciples (Jean 1 :35-51), (c) Jésus avait changé l'eau en vin à Cana (Jean 2 :1-11) et (d) Jésus avait chassé les commerçants des cours du temple (Jean 2 :12-25). Il semble probable que Nicodème faisait partie des Juifs qui ont pris Jésus à partie lorsque Jésus a chassé les commerçants du temple. Ce qu'il avait vu et entendu lui fit une telle impression qu'il décida de faire quelque chose à ce sujet – aller secrètement vers Jésus pour découvrir ce que ces choses devraient signifier pour lui, personnellement. Les choses que Dieu nous permet de voir et d'entendre font partie de son message pour nous.

Avez-vous déjà été saisi par des observations et des paroles prononcées, ne vous visant pas forcément, au point de vous résoudre à prendre une décision personnelle importante ?

Nicodème n'était pas seulement un pharisien, il était aussi "un membre du conseil dirigeant juif". Imaginez les luttes personnelles qu'il aurait dû traverser avant de franchir le pas pour aller parler avec Jésus. Ce Jésus a eu une bataille acharnée avec ces dirigeants juifs tout au long de son ministère terrestre, aboutissant à sa livraison pour être crucifié. Considérant que Nicodème s'est finalement joint à la prise en charge du corps de Jésus par la suite (Jean 19:38-42), il est certainement resté un disciple. Nous ne savons pas ce que son statut de disciple a fait à sa position de pharisien et de membre du conseil dirigeant juif, mais il est juste de suggérer qu'il a dû faire face à des défis personnels à la suite de sa décision. Lisez Jean 7:40-53.

Quelles pensées de défis personnels pourraient nous empêcher d'agir selon ce que Dieu nous dit et comment pourrions-nous éventuellement résoudre les conflits intérieurs ?

La réponse de Jésus-Christ à l'interrogation de Nicodème n'était pas des plus faciles à comprendre – même pour un pharisien instruit : « Il faut que tu naisses de nouveau ». "Il faut naître d'eau et d'Esprit". L'une des raisons pour lesquelles beaucoup rejettent l'Evangile aujourd'hui est qu'ils pensent qu'il n'a pas de sens : Comment Dieu peut-il avoir un Fils ? Comment la mort d'un seul homme peut-elle expier les péchés du monde entier ? En aidant Nicodème à comprendre, Jésus a comparé l'action du Saint-Esprit à la façon dont le vent souffle : « Le vent souffle où il veut. Vous entendez son son, mais vous ne savez pas d'où il vient ni où il va. Il en est de même pour quiconque est né de l'Esprit." (Jean 3:8 NIV)

Quel rôle notre intellect joue-t-il dans notre réponse, ou notre absence, à la parole de Dieu ?

Questions de discussion:

1. Dans votre Église locale, il est possible que certains écoutent les messages et les enseignements mais n'aient jamais fait un pas pour recevoir le Christ. Quelles sont les raisons possibles ?
2. Nicodème n'a pas quitté le conseil dirigeant juif malgré sa foi secrète apparente en Jésus-Christ. Quelles étaient ses options et pourquoi est-il resté au conseil ?

Points clés d'apprentissage:

1. Bien que Jésus enseignait et prêchait dans des lieux publics, le Saint-Esprit a ciblé Nicodème, l'amenant à répondre à ce qu'il a entendu en recherchant une meilleure compréhension
2. Le Saint-Esprit est capable de contourner notre intellect et de nous permettre d'avoir une foi salvatrice en Christ. En effet, cela doit arriver surtout avec les intellectuels
3. Nicodème a risqué sa réputation et sa position dans la société en recherchant Jésus-Christ et en devenant finalement son disciple
4. Malgré son engagement envers Jésus-Christ, il a choisi de ne pas quitter le Conseil juif mais est plutôt resté comme une voix pour l'Évangile. Il est resté disciple et

s'est identifié plus tard publiquement à Jésus en étant directement impliqué dans l'enterrement de Jésus. Répondre positivement à la parole de Dieu pourrait nous coûter notre réputation, nos biens et même nos vies, mais c'est toujours la bonne chose à faire

Prière:

Père, accorde-moi le courage et la résolution d'agir sur tout ce que je t'entends me dire, soit directement, soit en observant ce qui se passe autour de moi. Au nom de Jésus, Amen.

Étude 3 - Admirateurs et Accordeurs

Principaux textes : Marc 12 :18-34 ; Luc 11:14-28

Verset clé : Luc 11:28 - "Heureux plutôt ceux qui écoutent la parole de Dieu et lui obéissent." (VNI)
***

Les sadducéens qui ne croyaient pas à la résurrection avaient engagé Jésus-Christ dans un débat intellectuel avec l'objectif premier de prouver à Jésus que l'idée de la résurrection n'avait pas de sens. Jésus leur a fait voir la superficialité de leur raisonnement. Un scribe anonyme qui avait écouté la conversation était satisfait de la réponse de Jésus aux sadducéens. (Les scribes croyaient en la résurrection.) Se sentant bien et voulant peut-être avoir confiance en sa position auprès de Dieu, a posé la question de savoir quel était le commandement le plus important. Jésus a résumé tous les commandements en deux commandements simples - l'amour pour Dieu et l'amour pour les autres. La réponse du Scribe a montré qu'il avait la bonne compréhension intellectuelle de l'Écriture.

Que voulait dire Jésus par « Vous n'êtes pas loin du royaume de Dieu » ? (Marc 12:34, NIV). Êtes-vous actuellement dans la situation de cet homme, ou y a-t-il eu un moment où vous avez été dans sa situation ?

Dans notre deuxième texte (Luc 11), une foule avait vu Jésus chasser un démon muet. Nous voyons trois réactions différentes de la foule. Un groupe était tout simplement étonné et peut-être plein d'admiration pour Jésus. Un deuxième groupe, incapable de nier ce qu'ils avaient vu, a choisi d'attribuer ce qu'ils ont vu au diable. Un troisième groupe était tout simplement insatiable – ils voulaient voir encore plus de miracles mais n'étaient pas prêts à croire en Lui. Du premier groupe ("Les admirateurs"), une femme a crié : "Béni soit la femme qui t'a mis au monde et qui t'a allaité !" à quoi Jésus répondit : « Heureux ceux qui écoutent la parole de Dieu et y obéissent ». (Luc 11:27-28).

De nombreux dirigeants institutionnels, y compris des chefs de gouvernement recommandent souvent leur auditoire à la personne de Jésus-Christ comme un « bon exemple » à suivre. Que pensez-vous de la valeur de telles adulations pour la cause de l'Evangile ?

Il existe aujourd'hui des réponses variées à la parole de Dieu qui peuvent être bonnes, mais qui ne profitent pas nécessairement au répondant. Féliciter ou féliciter un prédicateur pour un message « puissant » est inadéquat. Même être d'accord avec ce que dit le prédicateur, ou ce que nous lisons dans la Bible, est insuffisant. Lorsque Dieu a dit par l'intermédiaire du prophète Ésaïe que sa parole accomplirait ce pour quoi il l'avait envoyée (Ésaïe 55:11), il ne pensait à aucune de ces réponses - il voulait dire que des choses se produiraient dans la vie des gens et dans le monde, à la suite de sa parole.

Mentionnez quelques déclarations de l'Écriture avec lesquelles la plupart des chrétiens sont d'accord, mais qui ne sont pas nécessairement vraies dans la vie du chrétien.

Questions de discussion:

1. À quels défis l'évangélisation chrétienne est-elle confrontée dans une société où il semble y avoir une compréhension intellectuelle omniprésente du message de l'Évangile, et comment les chrétiens peuvent-ils les gérer dans l'évangélisation ?
2. Pourquoi beaucoup de gens admirent-ils Jésus-Christ mais ne sont-ils pas prêts à croire en lui en vue d'être comme lui ?
***

Points clés d'apprentissage:

1. L'accord mental, et même la louange des paroles de Jésus-Christ n'équivaut pas au salut.
2. Les éloges de dignitaires publics de Jésus-Christ, en particulier pendant les périodes de fêtes chrétiennes, ont peu de valeur pour le salut du peuple
3. Prendre la décision définitive de s'engager personnellement envers le Christ et les Écritures est le seul moyen de bénéficier de sa parole

Prière:

Père, souligne-moi les aspects de ma vie et de mon expérience qui ne correspondent pas à ce que tu me dis ou à propos de moi. Accorde-moi la grâce d'être la personne que tu voulais que je sois. Au nom de Jésus, Ament.

Étude 4 - Jaïrus

Principaux Textes : Marc 5 : 21-43

Verset clé : Marc 5:36 - "... Jésus lui dit : " N'aie pas peur ; croyez simplement." (Marc 5:36 NIV)

***

L'homme Jaïrus était un chef de synagogue et on s'attendrait à ce qu'il maintienne la position officielle de la direction de la synagogue dans toutes les questions de foi et de doctrine. Cela comprenait la répudiation des revendications de Jésus-Christ. Mais Jaïrus avait observé Jésus et l'avait écouté. Il avait apparemment été témoin de la façon dont Jésus a délivré l'homme avec une légion de démons. Il avait écouté Jésus prêcher, et ce qu'il avait entendu avait touché une corde sensible en lui – que Jésus devait être capable de guérir sa fille malade. Il raconta ce qu'il avait vu et entendu de Jésus à sa situation personnelle.

Avez-vous déjà été dans une situation où des preuves devant vous vous ont convaincu que la position collective d'un groupe (ou même d'une église) auquel vous apparteniez pouvait être erronée et vous avez été tenté d'agir à l'encontre de la position collective ?

Jaïrus a rassemblé son courage et a supplié Jésus : "Ma petite fille est en train de mourir. S'il vous plaît, venez lui imposer les mains afin qu'elle soit guérie et vive." (Marc 5:23 NIV). Jésus a accepté et a commencé à le suivre jusqu'à sa maison. Mais ensuite, Jésus a été distrait par une femme qui avait touché son vêtement et reçu sa guérison. Alors qu'il s'occupait de cette femme, la nouvelle arriva que la fille de Jaïrus était décédée. Les trois évangiles synoptiques (Matthieu, Marc et Luc) relatent cette histoire. Matthieu rapporte qu'en entendant cela, Jaïrus dit à Jésus : « Ma fille vient de mourir. Mais viens, impose-lui la main, et elle vivra. (Matthieu 9:18). Jésus est finalement arrivé à la maison de Jaïrus et a ramené la fille à la vie.

Pourquoi est-ce que ceux qui étaient fortement opposés à l'Evangile mais qui sont nés de nouveau ont tendance à faire preuve d'une foi exceptionnelle dans la parole de Dieu ? Qu'est-ce que cela nous apprend sur le partage de l'Evangile avec les non-croyants ?

Il est inné en nous de s'attendre à ce que Dieu traite notre situation d'une certaine manière, et dans un laps de temps que nous jugeons critique. Peu d'entre nous garderaient encore espoir après la mort d'un être cher dont nous avons prié pour la guérison. Jaïrus s'attendait à ce que Jésus guérisse sa fille alors qu'elle était encore en vie, mais cela n'a pas fonctionné de cette façon.

Qu'est-ce qui informe notre attente de la manière dont Dieu interviendrait dans notre situation, et notre définition d'un « délai critique » pour une telle intervention, et comment Dieu pourrait-il répondre à notre attente ?

Quand Jésus a retardé au point que la fille est morte, les gens ont dit à Jaïrus "Ta fille est morte... pourquoi déranger encore le professeur?" (Marc 5:35 NIV).

Comment gérons-nous les voix autour de nous – en particulier celles de ceux que nous respectons – qui peuvent nous décourager de prendre Dieu au mot ?

Des questions

1.	Jairus a apparemment rompu les rangs avec les dirigeants de la synagogue en reconnaissant Jésus-Christ et en recherchant l'intervention de Jésus dans sa famille. Expliquez pourquoi quelqu'un pourrait vouloir rompre avec les croyances confessionnelles de son église.
2.	Pourquoi les chrétiens fidèles, malgré les confessions de foi et les prétentions à ce qu'ils comprennent être les promesses de Dieu, font-ils encore parfois face à l'embarras de ne pas recevoir ce qu'ils désirent de Dieu ?
***

Points clés d'apprentissage:

1.	Ceux qui sont fortement opposés à l'Evangile mais qui ensuite connaissent le Christ ont tendance à exercer une plus grande foi dans leur vie chrétienne. Cela devrait nous encourager à ne pas renoncer à partager l'Evangile avec de puissants antagonistes
2.	C'est une servitude quand nous voyons que la parole de Dieu défie nos croyances de longue date (peut-être de notre origine confessionnelle) mais nous refusons d'abandonner nos croyances traditionnelles erronées. Jairus a permis à sa conviction personnelle concernant Jésus de l'emporter sur la position officielle de leadership juif.

3.	Nous devons nous rappeler que l'œuvre de Dieu n'est pas limitée par notre vision d'un « délai critique » - qu'il n'est jamais trop tard dans ce qu'il fait.

Prière:

Père, aide-moi à marcher plus étroitement avec toi afin que, comme tu as révélé tes voies à Moïse, je connaisse aussi tes voies et exerce ma foi en cette connaissance. Au nom de Jésus, Amen

Étude 5 - Le serviteur du centurion

Texte principal : Luc 7 :1-10, Matthieu 8 :5-13

Verset clé : Matthieu 8:8b - " ... dis simplement un mot, et mon serviteur sera guéri." (VNI)
***

Un centurion de l'armée romaine commandait entre 80 et 200 hommes. Plusieurs centurions figurent dans le Nouveau Testament. La première conversion enregistrée d'un Gentil à la foi chrétienne était celle du centurion de Césarée (Actes 10). Comme tous les militaires de tous âges, le centurion est très conscient de la hiérarchie et respecte l'autorité. Dans notre texte principal d'aujourd'hui, nous avons ce centurion qui, ayant entendu parler de Jésus, est arrivé à la conclusion que Jésus devait être capable de guérir son serviteur qui était malade. Cependant, contrairement à la femme hémorragique qui s'est simplement faufilée à travers la foule pour atteindre Jésus et toucher son vêtement (Marc 5:25-34), ce centurion croyait qu'il devait passer par un intermédiaire pour plaider sa cause auprès de Jésus-Christ. Il a estimé que passer par les dirigeants juifs le ferait, puisque Jésus était d'origine juive. Il a donc approché les dirigeants juifs pour l'aider à plaider sa cause. Ces dirigeants ont présenté à Jésus ce qu'ils considéraient comme une justification pour aider l'homme : "Cet homme mérite que vous fassiez cela, car il aime notre nation et a construit notre synagogue." (Luc 7: 4-5 NIV)

a) Qu'est-ce qui nous motive et quelles sont nos attentes lorsque nous approchons un dirigeant chrétien respecté pour prier pour nous concernant un problème ?

b) Quel raisonnement tacite mais erroné pourrait sous-tendre une telle demande de prière, et quelles en sont les conséquences potentielles ?

Alors que Jésus accompagnait la délégation juive à la maison du centurion, le centurion en les apercevant à nouveau envoya des amis pour dire à Jésus qu'il n'avait pas besoin de venir physiquement chez lui pour effectuer la guérison, mais qu'il avait seulement besoin de prononcer la guérison sur son serviteur - de n'importe où ! (Matthieu 8:8.) Il a articulé sa soumission sur deux points : premièrement, il s'est jugé indigne de la visite de Jésus dans sa maison. Deuxièmement, il jugeait une telle visite inutile de toute façon et comparait une parole de Jésus à la parole d'un commandant militaire qui n'avait qu'à donner des ordres et les troupes obéissaient. Ainsi, tous ces émissaires qu'il envoyait étaient juste pour obtenir la parole de guérison de Jésus pour son serviteur ! Après avoir loué sa foi sans précédent, Jésus a en effet prononcé la parole de guérison et le serviteur du centurion a été guéri immédiatement.

c) De quoi les chrétiens d'aujourd'hui ont-ils besoin pour pouvoir affirmer le genre de foi du centurion dans la parole de Jésus-Christ concernant des situations difficiles, et pourquoi échouons-nous souvent et sommes-nous embarrassés lorsque nous faisons de telles déclarations de foi ?

Questions de discussion:

1. Avez-vous l'impression que certaines des choses que nous faisons comme le jeûne et les offrandes spéciales ("la foi des semences") lorsque nous sommes dans une situation difficile pourraient être enracinées dans une pensée d'essayer d'obtenir des réponses à nos prières ? Comment se prémunir contre un tel motif ?
2. Comment Jésus parle-t-il des situations d'aujourd'hui de telle manière que nous puissions aussi partir avec la pleine assurance que c'est fait ?
***

Points clés d'apprentissage:

1. Lorsque nous demandons le soutien de la prière d'un chrétien respecté concernant un problème, nous ne devons pas le faire comme s'il ou elle avait un meilleur accès à Dieu. L'intention devrait être : (a) Un conseil possible concernant la question, pour nous aider à prier plus efficacement, et (b) Dans l'obéissance à l'exhortation de l'Écriture pour nous de prier les uns pour les autres
2. Nous devons nous garder d'attribuer des réponses à nos prières à un "homme de Dieu", car cela reviendrait à partager la gloire de Dieu avec l'homme. En effet, un tel état d'esprit pourrait entraver les réponses à nos prières
3. Notre capacité à affirmer le genre de foi du Centurion ("Dis simplement une parole, et mon serviteur sera guéri") ne peut venir que d'une marche rapprochée avec Dieu, de la méditation sur Sa parole, du fait de nous dire ces paroles et de les faire nôtres.

Prière:

Père, merci de me rendre digne de venir à toi, pour toute situation à laquelle je fais face à travers nul autre que ton Fils Jésus-Christ. Aide-moi à discerner et à te faire confiance lorsque tu parles de mes situations. Au nom de Jésus, Amen.

Étude 6 - Niveaux de Foi

Texte principal : Marc 5 :22-43, Matthieu 8 :5-13

Verset clé: Matthieu 9:29 - "… Alors il toucha leurs yeux et dit: 'Selon votre foi, qu'il vous soit fait.'" (NIV)
***

Dans cette étude, nous comparons trois personnes dont chacune a répondu positivement, dans la foi, à la parole de Jésus-Christ. Dans notre premier texte, nous voyons deux de ces personnages : la fille de Jaïrus était malade et il voulait désespérément que Jésus vienne chez lui pour la guérir. Pour Jairus, la réponse réside dans la présence physique de Jésus au chevet de la jeune fille. Ensuite, nous avons la femme qui saignait depuis douze ans. Les paroles et les œuvres de Jésus ont inspiré sa foi et elle s'est dit : « Si je touche juste ses vêtements, je serai guérie. (Marc 5:28 NIV). On pourrait être surpris qu'elle n'ait pas cherché Jésus pour prier pour elle ou lui imposer les mains ! Ensuite, dans notre deuxième texte, nous voyons le troisième personnage - le centurion qui était convaincu que tout ce dont il avait besoin pour la guérison de son serviteur était une parole de Jésus, prononcée de n'importe où !

a)   Donnez des exemples de différents niveaux de foi exprimés par des personnes cherchant l'intervention de Dieu dans leur situation actuelle.

b) Quelle devrait être l'attitude des autres chrétiens autour d'eux, dont certains peuvent en fait se sentir mal à l'aise ou gênés par la démonstration de foi du chercheur ? La femme avec une hémorragie avait des défis importants. Le premier était le fait qu'à cette époque, les femmes n'étaient pas censées se mêler ouvertement aux hommes dans les lieux publics. (Cela explique pourquoi, par exemple, le récit de Jésus nourrissant miraculeusement des milliers de personnes ne se réfère qu'aux hommes, "en plus des femmes et des enfants".) Voir Lévitique 15:25-27. Ces défis lui ont largement suffi pour se résigner à son sort. Mais elle avait une foi qui s'élevait au-dessus de ces défis.

c) Donnez des exemples de défis réels auxquels nous pourrions être confrontés alors que nous recherchons l'intervention de Dieu dans notre situation, et les leçons possibles de l'histoire de cette femme sur notre réponse à de tels défis.

L'idée d'une femme touchant le vêtement de Jésus pour être guérie, qui se reflétait quelque peu dans le ministère de l'apôtre Paul à Éphèse, où des mouchoirs et des tabliers de son corps étaient apportés aux malades pour la guérison (Actes 19 : 11-12) a informé la pratique des « mouchoirs sacrés », « eau bénite », « huile sainte », etc. dans les églises aujourd'hui.

d) Quels sont les dangers subtils de l'utilisation d'articles « saints » pris à des ministres respectés comme moyen de résoudre les problèmes de notre vie ?

e) Quelle serait une attitude bibliquement équilibrée face à une telle pratique ?

***

Points clés d'apprentissage:

1. Les trois personnages Jairus, la femme saignante et le centurion avec un serviteur malade, ont tous exercé différents niveaux de foi mais le Seigneur les a tous honorés
2. Nous devons respecter l'exercice de la foi des individus même si cela nous met mal à l'aise
3. Alors que nous exerçons la foi en prenant Dieu au mot, il y aura toujours des défis qui pourraient provenir de la réalité sur le terrain ou des gens autour de nous qui peuvent soit nous dire que notre cas est au-delà de la prière, soit que nous sommes responsables de notre situation difficile car nous ne devrions pas chercher de soulagement
4. Nous devons nous accrocher à la parole de Dieu et ne pas nous laisser décourager par les défis
5. Des objets comme des mouchoirs, de l'huile d'onction, de l'eau bénite, etc. peuvent aider la foi de certaines personnes en tant qu'"objets de contact", mais nous ne devons jamais considérer ces objets comme ayant un quelconque pouvoir car toute guérison vient de notre confiance en Dieu par Jésus-Christ.

Prière:

Père, alors que j'étudie ta parole, laisse tes révélations devenir une partie de moi, se manifestant dans mes niveaux croissants de foi et de confiance en toi. Au nom de Jésus, Amen

Étude 7 - La foule de la Pentecôte

Texte principal : Actes 2 :1-41

Verset clé : Actes 2 : 37 – « Quand le peuple entendit cela, il fut touché au cœur et dit à Pierre et aux autres apôtres : 'Frères, que ferons-nous ?' » (NIV) »

***
L'événement du Nouveau Testament que nous appelons la Pentecôte a commencé avec environ 120 disciples réunis dans une salle, priant - Actes 1:14-15. Ensuite, il semblait y avoir un événement bizarre - un vent impétueux, des langues qui ressemblaient à du feu, des gens parlant dans des langues qu'ils n'avaient jamais apprises mais qui étaient comprises par des étrangers qui ne faisaient pas partie de la "folie". Les réactions n'étaient pas inattendues : « Qu'est-ce que cela veut dire ? "Ils sont ivres". Au cas où quelqu'un penserait qu'il s'agissait d'un événement unique, quelque chose de similaire s'est produit beaucoup plus tard dans la maison de Corneille - Actes 10: 44-45. Le Saint-Esprit qui était derrière tout cela a-t-il réalisé à quel point tout cela était « bizarre » ?

a) Quels sont nos sentiments honnêtes – exprimés et non exprimés – lorsque nous sommes témoins de ce qui semble être une perturbation de notre fraternité ordonnée par ce que les gens attribuent au Saint-Esprit ? Pierre, flanqué des autres apôtres, voyant la perplexité des spectateurs se leva pour expliquer l'étrange phénomène à la lumière des Ecritures. Écoutez comment il a commencé : « Ces gens ne sont pas ivres, comme vous le supposez. Il n'est que neuf heures du matin ! Non, c'est ce qui a été dit par le prophète Joël… » (Actes 2 : 15-16 NIV). Il a continué, attirant l'attention des gens sur l'explication scripturaire de ce qui semblait bizarre.

b) Quel est le rôle de la direction de l'Église dans les manifestations surnaturelles du Saint-Esprit dans la congrégation et comment est-il préparé pour ce rôle ?

c) Selon vous, que serait-il arrivé si Pierre et les autres apôtres avaient simplement ignoré les remarques et poursuivi la réunion de prière ?

Le message de Pierre était puissant, incitant ces spectateurs à demander « Que devons-nous faire ? » (v37). Les gens ont accepté que ce qu'ils venaient d'entendre appelle une réponse définitive de leur part. Mais ils ne savaient pas ce que devait être cette réponse, et ils voulaient que Pierre le leur dise. La réponse de Pierre était claire et concise : Repentez-vous et faites-vous baptiser au nom de Jésus-Christ afin que vos péchés soient pardonnés et que vous receviez le don du Saint-Esprit. Ce pardon des péchés et le don du Saint-Esprit sont disponibles pour vous, vos enfants, d'autres nationalités et même pour ceux à naître. Ne laissez pas la société corrompue qui vous entoure déterminer votre destin ! (v38).

d) Que chaque participant écrive en 2 minutes « un message évangélique de 10 secondes » et que 3 personnes partagent le leur avec le groupe.

On nous dit qu'environ 3 000 personnes qui ont accepté son message ont été baptisées (v41). Il est sous-entendu que tous ceux qui ont entendu le message ne l'ont pas accepté.

e) Quelles sont les réponses possibles - parlées ou non - des individus après avoir écouté un message basé sur la Bible ?

***

Points clés d'apprentissage:

1.	Certains d'entre nous peuvent se sentir mal à l'aise face aux manifestations du Saint-Esprit dans notre congrégation, mais nous devons accepter que le Saint-Esprit se manifeste à sa guise
2.	La direction de l'Église a la responsabilité de modérer les manifestations pour éviter le désordre et s'assurer que l'Église bénéficie vraiment des ministères du Saint-Esprit
3.	La direction de l'Église doit également toujours expliquer le contexte scripturaire des manifestations du Saint-Esprit, pour le bénéfice de la congrégation. (Ce serait similaire à la façon dont la Sainte Communion est toujours expliquée dans le contexte scripturaire.)
4.	Nous devons avoir une compréhension claire de ce qu'est le message central de l'Evangile : Il s'agit du salut par la foi en Jésus-Christ que Dieu a donné pour mourir pour nos péchés. Bien que nous trouvions des solutions aux défis de la vie tels que la santé et les besoins matériels en Christ, cela ne devrait pas être considéré comme "l'Evangile".

Prière:

Père, ouvre mon cœur à tes messages que j'entends ou lis dans ta parole afin que je réponde toujours de la manière que tu attends. Au nom de Jésus, Amen.

Étude 8 – Apôtre Paul

Texte principal : Galates 2 :11-24 ; 2 Corinthiens 11:23-33

Verset clé : Galates 1 : 11-12 – « Je veux que vous sachiez... que l'évangile que j'ai prêché n'est pas d'origine humaine. (VNI) "
***

L'apôtre Paul, en défendant l'authenticité de son ministère, raconte aux Galates les premiers jours de sa conversion. Plus précisément, il dit que le Seigneur Jésus-Christ lui a révélé l'Évangile directement, que ce n'était pas quelque chose qu'il avait appris des apôtres avant lui. Les détails de cette révélation ne sont pas consignés dans la Bible, mais nous savons que lorsque le Seigneur a rendu visite au disciple Ananias à Damas et lui a dit d'aller voir Saul (comme Paul s'appelait alors), le Seigneur a dit à propos de Saul : « Cet homme est l'instrument que j'ai choisi pour proclamer mon nom aux Gentils, à leurs rois et au peuple d'Israël. Je lui montrerai combien il doit souffrir pour mon nom." (Actes 9:15-16 NIV). En fait, il dit que lorsqu'il a reçu la révélation de l'Evangile, il n'a même pas consulté ces premiers apôtres (Pierre, Jacques, Jean, etc.) pour toute forme de clarification ou d'authentification (voir vv15-17).

a) À votre avis, pourquoi Paul a-t-il choisi de ne pas consulter ceux qui étaient apôtres avant lui au sujet de la révélation que Dieu lui a faite ?

b) Y a-t-il des révélations à des chrétiens individuels aujourd'hui qu'il ne serait peut-être pas approprié de «

clarifier » ou de « valider » avec des chrétiens plus âgés, peut-être plus mûrs ?

Le Seigneur avait dit à Ananias concernant Saül : « ... Je lui montrerai combien il doit souffrir pour mon nom. Cela doit avoir fait partie de la révélation que Paul a reçue du Seigneur et dont il n'a parlé à personne. Dans notre deuxième texte, Paul répertorie ses souffrances au cours de la prédication de l'Evangile. Nous lisons plus tard (voir Actes 21:10-14) comment Dieu, à travers Agabus, a révélé que l'apôtre Paul serait arrêté et maltraité à Jérusalem.

c) Pourquoi Dieu pourrait-il révéler à un individu des souffrances, des épreuves ou des calamités imminentes ?

d) Quelles sont nos réponses typiques à de telles révélations lorsqu'elles nous concernent ou concernent quelqu'un qui nous est cher ?

Lorsqu'un chrétien subit une souffrance qui aurait pu être raisonnablement prévue ou qui avait été révélée auparavant, il y a souvent un sentiment de regret que nous aurions peut-être dû agir différemment pour éviter la souffrance.

e) Quelles mesures pratiques le chrétien souffrant peut-il entreprendre lorsqu'il est confronté à la pensée que la souffrance aurait pu être évitée s'il avait agi différemment ?

f) Comment d'autres chrétiens peuvent-ils soutenir un chrétien aussi souffrant, notamment dans la gestion du sentiment de regret ?

Il y a des révélations qui ne sont destinées qu'à notre action. Lorsque nous suivons les directives de Dieu et que nous souffrons dans le processus, nous devons nous rappeler que les premiers apôtres ont vécu la même expérience !

***

Points clés d'apprentissage:

1. Il y a des révélations de Dieu pour nous en tant qu'individus sur lesquelles il s'attend à ce que nous agissions et que nous ne discutions pas même avec ceux que nous respectons.
2. Le fait que nous agissions dans l'obéissance à la révélation de Dieu ne signifie pas que la route sera lisse tout du long. Malgré l'obéissance de Paul, il a eu du mal tout au long de son ministère
3. Les révélations que Dieu nous fait de la souffrance imminente ne sont pas toujours dans le but de prier pour que Dieu rejette la souffrance. C'est peut-être pour nous préparer à passer par là.

Prière:

Père, apprends-moi à gérer tes révélations comme tu l'entends, et accorde-moi la grâce d'accepter tout ce qui se présente à moi au cours d'une telle obéissance, Amen

Étude 9 - Thessaloniciens et Béréens

Texte principal : Actes 17 :1-15

Verset clé : Actes 17 : 11 – « Or, les Juifs de Béréens avaient un caractère plus noble que ceux de Thessalonique, car ils recevaient le message avec un grand empressement et examinaient les Écritures chaque jour pour voir si ce que Paul disait était vrai. » (VNI)
***

L'apôtre Paul était le seul apôtre spécifiquement mandaté pour apporter l'Évangile au monde non juif - voir Actes 9:15. Ses voyages missionnaires ciblaient les routes des Gentils, mais les villes des Gentils qu'il visitait comptaient également d'importantes populations juives. Il a adopté une approche à plusieurs volets pour sa diffusion de l'Évangile : il a combiné les activités d'évangélisation du marché - qui ciblaient principalement les Gentils, avec des discours bibliques basés sur la synagogue qui ciblaient les Juifs et les prosélytes (les Gentils convertis au judaïsme). Voir Actes 17:1-3, 6-17.

a) Est-il nécessaire d'adapter notre style d'évangélisation à des mentalités particulières ? Si tel est le cas, quelles seraient les principales différences d'approche entre la prise de contact avec les musulmans, les chrétiens de nom et les traditionalistes ?

Notre verset clé fait une comparaison inhabituelle entre les Juifs de Thessalonique et ceux de Bérée. Il utilise le terme "caractère plus noble" pour décrire les Béréens, pour la simple raison qu'ils n'ont pas seulement reçu le message "avec un grand empressement", ils ont également "examiné les Écritures chaque jour pour voir si ce que Paul disait était vrai". L'un des défis auxquels sont confrontés aujourd'hui les dirigeants chrétiens respectés est que beaucoup de leurs auditeurs acceptent et même citent ce qu'ils enseignent, établissant à peine la base biblique des enseignements.

b)   Quels sont les dangers de s'accrocher à des enseignements spécifiques (même lorsque de tels enseignements sont bénéfiques) parce que nous les avons entendus de la part de dirigeants respectés, sans établir la base scripturaire ?

c)   Comment les prédicateurs et les enseignants de la Bible peuvent-ils aider leurs auditeurs à établir la base de ce qu'ils croient dans les Écritures plutôt que dans leur propre respectabilité (prédicateur/enseignant) ?

Tout comme on pourrait à tort s'accrocher aux enseignements de dirigeants chrétiens respectables et s'y conformer, il est également possible de s'accrocher aux enseignements sur des bases purement confessionnelles. En fait, si tous les enseignements de l'église étaient dépouillés de tous les enseignements spécifiques à la dénomination, ce qui resterait serait la pure Écriture qui lie tous les chrétiens du monde entier. Alors que de nombreux enseignements confessionnels sont solides et ont une bonne base, il est important que nous les reconnaissions comme spécifiques à la dénomination et qu'ils ne doivent donc pas entraver la communion avec d'autres chrétiens. Lisez 1 Corinthiens 7:12.

d)   Comment pouvons-nous identifier les enseignements qui sont basés sur le jugement dénominationnel plutôt que sur l'injonction des Écritures, d'autant plus que nous n'entendons pas souvent le type de qualification que Paul a donnée dans 1 Corinthiens

7 :12 avec ce que nos dénominations enseignent ou prêchent ?

e) Mentionnez certains enseignements spécifiques à une dénomination, que ce soit dans votre église ou dans d'autres églises que vous connaissez, qui sont basés sur un jugement dénominationnel plutôt que sur une injonction scripturaire directe. Quelle est la manière appropriée de diffuser de tels enseignements ?

***

Points clés d'apprentissage:

1. Tout comme Paul a adopté une approche à plusieurs volets pour partager l'Évangile avec les diverses populations, nous devons également adopter des stratégies appropriées lorsque nous partageons l'Évangile avec les musulmans, les chrétiens de nom et les autres incroyants. La même approche peut ne pas fonctionner pour tous les groupes.

2. Il est important que notre foi et nos croyances fondamentales soient basées sur la parole de Dieu et non sur ce que certains dirigeants chrétiens respectés nous disent, ou même sur les enseignements spécifiques de notre dénomination. Lorsqu'un frère ou une sœur nous signale une vérité de l'Écriture, nous ne devons pas désormais attribuer la vérité au frère ou à la sœur ; c'est la parole de Dieu.

3. Les enseignements spécifiques à la dénomination qui sont bien intentionnés sont bons, mais nous ne devrions pas les présenter comme étant des enseignements bibliques ou au même niveau que les Écritures. Si nous évitions cet écueil, nous verrions beaucoup moins de raisons d'acrimonie entre les confessions

Prière:

Père, je m'engage à étudier ta parole pour savoir ce qu'elle dit afin que ma foi soit basée sur ce que tu dis et non sur le point de vue de l'homme. Aide-moi à appliquer le test des Écritures à tout ce que j'entends, au nom de Jésus. Amen.

Etude 10 - Les Ephésiens

Texte principal : Actes 19 :1-41

Verset clé : Actes 19 : 17 – « Lorsque cela fut connu des Juifs et des Grecs vivant à Éphèse, ils furent tous saisis de peur, et le nom du Seigneur Jésus fut tenu en grand honneur. (VNI)
***

Paul et Silas sont restés assez longtemps à Éphèse, prêchant l'Évangile dans les lieux publics et tenant des discours avec les Juifs dans les synagogues. Tout au long de cette période, Dieu a honoré sa parole et a opéré de nombreux miracles à travers les apôtres. Au départ, beaucoup de ceux qui croyaient, craignant ce que les autres penseraient d'eux, gardaient leur foi secrète. Mais il est arrivé à un point où ils ne pouvaient plus le garder secret - ils ont ouvertement déclaré leur foi en Christ et ont sorti tous les articles de leur idolâtrie pour qu'ils soient détruits - Actes 19: 18-20. Notre verset clé dit que les gens "étaient tous saisis de peur".
a) Quels différents types de peur peuvent surgir chez ceux qui sont exposés à la prédication de la parole de Dieu sous l'onction du Saint-Esprit ?
Il y a une peur qui mène à la repentance et au salut. C'est le genre de peur qui a poussé ces passants le jour de la Pentecôte à demander : « Que devons-nous faire ? – Actes 2:37. C'est ce même genre de peur qui a conduit les Éphésiens à renoncer à l'idolâtrie et à embrasser l'Évangile. Cependant, un orfèvre du nom de Demetrius avait un autre type de peur.

b) Quelle était la peur fondamentale de Démétrius et quelles autres peurs a-t-il tirées de cette peur fondamentale en vue de mobiliser un soutien pour son opposition à l'Evangile ?

c) Quelles peurs empêchent aujourd'hui les gens de répondre positivement au message de l'Evangile, et comment ces peurs sont-elles souvent mises en avant pour gagner le soutien du public à l'opposition à l'Evangile ?

Ephèse était une ville des Gentils, et ici se trouvaient Paul et Silas - des prédicateurs juifs, prêchant ce que les Gentils considéraient comme sapant la suprématie d'Artémis, le dieu du peuple. Il semble que les Juifs se soient sentis obligés de protéger les apôtres et de désamorcer la tension. Ils ont donc demandé à Alexander – un Juif – d'essayer de calmer les nerfs effilochés des manifestants. (Voir vv33-34.) Il monta sur scène mais la foule ne le laissa pas parler parce qu'ils savaient qu'il était juif. C'est le greffier de la ville qui finit par monter sur scène et calmer le peuple en réaffirmant la suprématie d'Artémis – le dieu d'Ephèse – et en suscitant une louange spontanée de ce dieu. Plus tard, Paul a fait référence à ce même Alexandre dans ses lettres à Timothée : Lisez 1 Timothée 1 :18-20 et 2 Timothée 4 :14.

d) D'après des références ultérieures à Alexandre l'orfèvre (également appelé "le forgeron", quelles qualités les Juifs voyaient-ils en lui qui faisaient de lui un candidat pour pacifier la foule en délire ?

e) Y a-t-il des personnages dans l'Église aujourd'hui qui pourraient jouer un rôle similaire à celui qu'Alexandre devait jouer en cas d'attaques contre l'Église ?

Alors que nous aimons les Écritures qui nous promettent de bonnes choses et nous encouragent, la parole de Dieu nous inspirerait aussi la peur, et c'est approprié. Ce que

nous faisons en réponse à cette peur détermine notre destin. Dieu veut que la peur nous conduise à la repentance. Mais si nous nous enhardissons et supprimons la peur, nous pourrions avec le temps développer un esprit endurci que la parole de Dieu ne pourra peut-être plus pénétrer.
***

Points clés d'apprentissage:

1.   Beaucoup sont empêchés de recevoir le baptême du Saint-Esprit par peur de choses inhabituelles qu'ils pourraient vivre, comme le parler en langues - ils veulent le Saint-Esprit mais ne veulent pas lui donner la liberté d'agir dans leur vie
2.   La peur est une réponse appropriée à la parole de Dieu
3.   La peur que nous ressentons en lisant ou en entendant la parole de Dieu devrait nous faire aligner nos vies sur ses desseins
4.   Il est dangereux de supprimer la peur suscitée par la parole de Dieu dans le but de "se sentir bien". Si nous continuons à résister à sa parole, nous pourrions développer avec le temps un esprit insensible qui ne lui est plus sensible

Prière:

Père, quand ta parole me transperce le cœur et me met mal à l'aise, s'il te plaît, aide-moi à faire le bon pas pour m'aligner avec toi. Ne me permets jamais d'être à l'aise pour résister à ta parole. Au nom de Jesus. Amen

Étude 11 – Gouverneur Félix

Texte principal : Actes 24 :1-27

Verset clé : Actes 24 : 25 – « Alors que Paul parlait de justice, de maîtrise de soi et du jugement à venir, Félix eut peur et dit : « C'est assez pour le moment ! (VNI)

Dans Actes 21:10-14, nous avions lu qu'Agabus prophétisait que Paul serait arrêté et lié à Jérusalem, et serait livré aux Gentils. Les autres disciples avaient essayé en vain de dissuader Paul d'aller à Jérusalem, pour éviter cette expérience désagréable. Mais la réponse de Paul fut « Je suis prêt non seulement à être lié, mais à mourir à Jérusalem pour le nom de Jésus ». Dans notre texte d'aujourd'hui, nous voyons que la prophétie s'est réalisée lorsque des Juifs d'Asie ont suscité l'hostilité contre Paul à Jérusalem et qu'il a finalement été livré par les chefs religieux aux Gentils.

a)   Pouvez-vous vous rappeler une prophétie ou des circonstances prévalant indiquant un risque de souffrance grave pour un chrétien, mais il ou elle a quand même choisi d'y faire face ?

b)   Quelle est l'attitude des chrétiens envers les autres chrétiens pris dans de graves souffrances alors que de telles souffrances avaient été raisonnablement prévues ou même prédites par une révélation ? Quelle doit être notre attitude ?

Paul a finalement comparu devant le gouverneur Félix à Césarée. On nous dit (v22) qu'avant même l'apparition de Paul devant lui, Félix « connaissait bien le Chemin » – il connaissait les chrétiens et le message de l'Évangile. Lors de la deuxième comparution de Paul devant lui – cette fois avec la femme de Félix présente, on nous dit : « Alors que Paul parlait de justice, de maîtrise de soi et du jugement à venir, Félix a eu peur et a dit : 'Ça suffit pour le moment ! Vous pouvez partir. Quand je le trouverai convenable, je t'enverrai chercher.'" (v25).

c) Comment reconnaissons-nous ceux qui « connaissent bien la Voie » mais qui ne sont pas nés de nouveau, et quelle devrait être l'approche chrétienne de l'évangélisation envers ces personnes ?

d) Pourquoi quelqu'un entendrait-il le message de l'Evangile, aurait-il peur et pourtant ne ferait-il pas le pas nécessaire pour être sauvé ?

Sur une période de deux ans, Félix a laissé Paul en prison, l'appelant fréquemment dans l'espoir que Paul lui donnerait un pot-de-vin pour être libéré - vv26-27. Il y a probablement des gens qui languissent dans nos prisons aujourd'hui sur de fausses accusations et pour aucune infraction autre que le fait qu'ils ne donneraient pas de pot-de-vin. Le chrétien serait sous pression pour obtenir la libération de ces personnes dans les plus brefs délais. Nous sommes nombreux à entrer de temps en temps dans de « petites prisons », comme lorsqu'un fonctionnaire corrompu nous demande une rançon pour obtenir un pot-de-vin avant que nous puissions obtenir justice.

e) Quelles actions pratiques une église locale peut-elle entreprendre à l'égard des personnes connues pour être injustement emprisonnées ?

f) Souhaitez-vous aider à collecter des fonds à donner aux représentants du gouvernement pour la libération d'un être cher qui est injustement détenu en prison ?.

***

Points clés d'apprentissage:

1. Dieu pouvait révéler une souffrance imminente à ses enfants, non pas pour qu'ils prient contre elle, mais pour qu'ils soient prêts à y faire face ; Il n'empêche pas toujours la souffrance même lorsque nous prions contre elle

2. Il est particulièrement difficile d'apporter l'Evangile à ceux qui le connaissent déjà mais qui n'ont pas donné leur vie à Christ parce qu'ils craignent les conséquences sur leur statut terrestre

3. Nous serons parfois confrontés à des souffrances injustes et subirons des pressions pour compromettre notre foi et notre intégrité afin de garantir notre liberté. Nous avons besoin de la sagesse et de la force du Saint-Esprit pour rester alignés sur Dieu dans de telles situations

Prière:

Père, nous prions pour ceux d'entre nous qui connaissent peut-être bien l'Evangile mais ne t'ont pas reçu comme Seigneur et Sauveur, afin que ta parole prenne vie dans leur cœur et les conduise au salut. Au nom de Jesus. Amen

Étude 12 - Festus et Agrippa

Principaux Textes : Actes 26:1-32

Verset clé : Actes 26:20b – « ... Arrêtez de pécher et tournez-vous vers Dieu ! Alors prouvez ce que vous avez fait par votre façon de vivre." (NIV)

***

Le gouverneur Félix avait remis l'apôtre Paul prisonnier à son successeur Festus. Lors de la première visite de Festus à Jérusalem, les Juifs et leurs chefs religieux avaient de nouveau exigé que Paul soit renvoyé à Jérusalem - apparemment pour faire face à des accusations, mais en réalité, dans le but de lui tendre une embuscade et de le tuer sur son chemin - Actes 25:3. Festus a refusé d'envoyer Paul à Jérusalem mais a plutôt demandé aux accusateurs de venir à Césarée pour présenter leur dossier contre Paul. Les accusateurs de Paul ont suivi Festus à Césarée et plaident leur cause. Après avoir écouté la défense de Paul, Festus n'était pas convaincu que Paul avait fait quelque chose de mal. Au cours de sa défense, Paul a demandé à être envoyé à l'empereur César à Rome pour y être jugé. C'était l'équivalent aujourd'hui d'un recours devant la Cour suprême. Cependant, en envoyant Paul à Rome, Festus devrait déclarer l'infraction présumée de Paul - dont il ne croyait pas qu'elle existait. Pour l'aider à cet égard, il a appelé Paul pour exposer son cas avant que son (Festus) ne rende visite au roi Agrippa.

    a)   À votre avis, pourquoi Paul a-t-il fait appel à César – une procédure qui prolongerait encore son cas ? Voyez-vous un parallèle entre les circonstances qui ont conduit à l'appel de Paul et la situation dans le système judiciaire de votre pays aujourd'hui ?

Actes 9:10-16 nous dit ce que Dieu a dit à Ananias au sujet de Paul et de son futur ministère après la conversion. Paul plus tard dans Galates 1:15-16 fait référence à ce que Dieu lui a dit à cet égard. Cependant, c'est devant le roi Agrippa (Actes 26:13-18) qu'il a donné le message détaillé qu'il a reçu de Dieu concernant son ministère.

"Il vous est difficile de donner des coups de pied contre les aiguillons." – Actes 26:14b. La traduction de la Bonne Nouvelle le rend ainsi : « Vous vous faites du mal en ripostant, comme un bœuf qui donne des coups de pied contre le bâton de son propriétaire. Donnez des exemples aujourd'hui de la façon dont le mouvement de Dieu est entravé d'une manière qui équivaut à donner des coups de pied « contre les aiguillons ».

La défense de Paul – ou plutôt, le sermon – devant Agrippa (et Festus) montre Paul puisant dans des vérités scripturaires incontestables, pour établir le message de l'Evangile. Les deux dignitaires ont réagi différemment au message.

b) Quelle déclaration spécifique (voir v23) de Paul a incité Festus à dire qu'il (Paul) était fou et pourquoi ?

c) Quels éléments de l'Evangile n'ont aucun sens pour des gens comme Festus aujourd'hui, et comment ceux qui viennent à Christ traitent-ils ces problèmes dans leur esprit pour venir à Christ ?

d) Le roi Agrippa a fait remarquer à Paul : « Penses-tu qu'en si peu de temps tu puisses me persuader d'être chrétien ? » Que pensez-vous qu'il se passait dans l'esprit d'Agrippa qui a suscité cette remarque et qu'est-ce que cela dit à propos de beaucoup de ceux qui entendent l'Évangile aujourd'hui ?

Nous n'avons aucune trace qu'Agrippa ait finalement accepté l'Évangile auquel Paul l'a amené à comprendre. Mais le mandat du chrétien dans le témoignage est de conduire les gens à un point de compréhension.
***

Points clés d'apprentissage:

1. L'obéissance à Dieu peut bien prolonger nos souffrances car nous devons parfois naviguer dans un processus juridique tortueux, mais nous devons continuer à nous assurer que Dieu est responsable
2. Il y aura toujours des gens pour qui l'Évangile n'a aucun sens logique, et il y aura ceux qui y voient un sens, sont sur le point de le recevoir, mais y résistent néanmoins
3. Notre objectif en partageant l'Evangile est d'amener les gens à comprendre le plan de salut de Dieu. Seule la grâce de Dieu conduit ceux qui comprennent ainsi au salut.

Prière:

Père, nous prions pour ceux que nous rencontrons qui luttent pour donner un sens à l'Évangile, afin que ta grâce puisse les atteindre pour ouvrir les yeux de leur compréhension et recevoir ton salut. Au nom de Jesus. Amen.
Fin

www.ingramcontent.com/pod-product-compliance
Lightning Source LLC
LaVergne TN
LVHW021740060526
838200LV00052B/3375